**Bibliografische Information der Deutschen Nationalbibliothek:**

Die Deutsche Bibliothek verzeichnet diese Publikation in der Deutschen National-
bibliografie; detaillierte bibliografische Daten sind im Internet über http://dnb.d-
nb.de/ abrufbar.

**Impressum:**

Copyright © 2014 GRIN Verlag, Open Publishing GmbH
Druck und Bindung: Books on Demand GmbH, Norderstedt Germany
ISBN: 978-3-668-11832-4

**Dieses Buch bei GRIN:**

http://www.grin.com/de/e-book/313060/frauenrollen-in-der-werbung-eine-bewer-
tung-aus-der-sicht-des-christlichen

Laura Fiedler

# Frauenrollen in der Werbung. Eine Bewertung aus der Sicht des christlichen Menschenbildes

GRIN Verlag

**GRIN - Your knowledge has value**

Der GRIN Verlag publiziert seit 1998 wissenschaftliche Arbeiten von Studenten, Hochschullehrern und anderen Akademikern als eBook und gedrucktes Buch. Die Verlagswebsite www.grin.com ist die ideale Plattform zur Veröffentlichung von Hausarbeiten, Abschlussarbeiten, wissenschaftlichen Aufsätzen, Dissertationen und Fachbüchern.

**Besuchen Sie uns im Internet:**

http://www.grin.com/

http://www.facebook.com/grincom

http://www.twitter.com/grin_com

# SEMINARARBEIT

Rahmenthema des Wissenschaftspropädeutischen Seminars:

*Medienethik: Die Macht der Medien und das christliche Bild vom Menschsein*

Leitfach:

*Evangelische Religionslehre*

Thema der Arbeit:

**Frauenrollen in der Werbung – eine Bewertung aus der Sicht des christlichen Menschenbildes**

Verfasser/in: Laura Fiedler

Abgabetermin:                                          04. November 2014

# Inhaltsverzeichnis

# 1. Einleitung

Gestylte Models, die auf die neusten Kosmetikprodukte schwören, nackte Schönheiten, die Diätpillen anpreisen, Hausfrauen, die mit ihrem Wischmopp glücklich durch die Wohnung wedeln – die Frauenbilder, die durch die Werbung vermittelt werden, sind vielseitig. Und doch lassen sie sich alle bestimmten Mustern zuordnen. Seit langer Zeit ist die Frau ein beliebtes Mittel der Werbeindustrie, man findet sie in allen möglichen Anzeigen. Die Macht der Werbung sollte dabei nicht unterschätzt werden, denn sie nimmt enormen Einfluss auf das Denken und Handeln der Bevölkerung. Werbung ist allgegenwärtig, sie begegnet uns überall, sei es beim Fernsehen, beim Lesen, ja sogar auf der Straße in Form von großen Plakaten. Dabei wirkt sie sich auf die Gesellschaft aus, indem sie nicht nur unser Kaufverhalten beeinflusst, sondern auch unsere Normen und Geschlechtervorstellungen verstärkt. Die folgende Arbeit klärt zunächst über die Ziele und das Wirken von Werbung auf und liefert einen Überblick über die verschiedensten Frauendarstellungen, anschließend werden die ausgewählten Frauenbilder aus der Sicht des christlichen Menschenbildes bewertet.

# 2. Funktionen von Werbung

Das Hauptziel von Werbung ist bekanntlich, die Verkaufszahlen eines Produktes bzw. den Umsatz einer Firma oder eines Unternehmens zu erhöhen. Es wird versucht, das Beworbene so attraktiv wie möglich erscheinen zu lassen. Ein weit verbreitetes Modell zur genauen Werbefunktion ist das sogenannte AIDA-Modell. Die Buchstaben in AIDA stehen dabei für einen Ablauf von Reaktionen, die auf Werbung hin erfolgen sollen: A steht für Attention, hierbei wird die Aufmerksamkeit des Kunden angeregt. I bedeutet Interest, da der Kunde nun beginnt, sich für das Beworbene zu interessieren, D ist die Abkürzung für Desire, es wird also der Wunsch nach dem Produkt geweckt. A steht für Action, da am Schluss im Idealfall die Konsumhandlung vollzogen wird.[1]

Um die Aufmerksamkeit der potenziellen Kunden zu gewinnen und deren Interesse an dem jeweiligen Produkt zu wecken, stimmen die Werbegestalter Farben, Schriftzüge und Szenen auf die gewünschte Zielgruppe ab. Dazu kommt, dass die Werbung so oft wie möglich wiederholt wird, damit sie sich bestmöglich im Gedächtnis einprägt. Dabei vermitteln

---

[1] Vgl. Felser, Georg: Werbe- und Konsumentenpsychologie, 2.Auflage, Berlin 2001, S. 15.

die Anzeigen oft „Hoffnungen, Wünsche und Träume, die sich mit Hilfe der beworbenen Produkte verwirklichen lassen".[2]

Im Bezug auf die Konsumenten hat Werbung noch weitere Funktionen. Zum einen soll sie informieren, zum Beispiel, indem durch Werbeprospekte über die aktuellsten Preissenkungen informiert wird oder in Werbespots offene Fragen zu einem neu erschienenen Produkt geklärt werden.[3] Des Weiteren ruft Werbung oft eine gewisse Motivation hervor, indem sie Emotionen weckt oder Reize verschafft, beispielsweise durch emotionale Slogans oder Bilder.[4] Hinzu kommt die Unterhaltungsfunktion, denn immer mehr Firmen setzen auf lustige, unterhaltsame Spots, um Zuschauer für sich zu gewinnen. Durch ihren Unterhaltungswert bleiben die beworbenen Produkte besser im Gedächtnis und mehr Kaufhandlungen werden vollzogen.[5] Werbung soll auch verstärken, zum Beispiel durch die „Aufrechterhaltung angenehmer Assoziationen zu dem Produkt."[6]. Dadurch verbinden die Kunden mit dem Kauf des Beworbenen ein Belohnungsgefühl. Außerdem neigen Stammkunden durch verstärkte Werbung zum Erwerb größerer Mengen eines Produktes.[7] Wichtig ist auch die Funktion zu sozialisieren, denn „Werbung soll Normen und Modelle für das Konsumverhalten bereitstellen. Dies geschieht zum Beispiel dann, wenn die Werbung Verhaltensmöglichkeiten zeigt, die normal sind oder sein können."[8] Werbung sozialisiert also, indem sie Klischees verstärkt und gewisse Verhaltensmuster vorgibt.

## 3. Bedeutung von Geschlechteridentitäten für die Werbung

Damit sich das Publikum angesprochen fühlt, muss es sich mit den in Werbungen gezeigten Personen und Situationen identifizieren können. Deshalb wird Werbung den Werten und Normen der potenziellen Konsumenten angepasst, um besser an- und aufgenommen zu werden, weshalb sie oft als Spiegel der Gesellschaft bezeichnet wird.[9] Sie spiegelt die Gesellschaft aber nicht nur, sondern übt gleichzeitig auch Einfluss auf diese aus, indem sie sogenannte Geschlechterstereotypes und -rollen vorgibt. Darunter versteht man „für das jeweilige Geschlecht als angemessen betrachtete und kulturell erwarteten oder vorgeschriebenen Verhaltensmerkmale, wie z. B. Einstellungen, Interesse, Fähigkeiten. Geschlechterrollen beachten also keine individuellen Unterschiede, sondern kategorisieren

---

[2] Holtz-Bacha, Christina: Köcheln auf kleiner Flamme. Frauen und Männer in der Werbung – ein thematischer Dauerbrenner, in: Holtz-Bacha, Christina (Hrsg.): Stereotype.? Die Darstellung von Frauen und Männern in der Werbung, Wiesbaden 2008, S. 9.
[3] Vgl. Felser, Werbepsychologie, S. 11.
[4] Vgl. Ebd.
[5] Vgl. Ebd., S. 12.
[6] Ebd.
[7] Vgl. Ebd.
[8] Ebd..
[9] Vgl. Holtz-Bacha, Köcheln auf kleiner Flamme, S. 9.

Menschen in zwei Gruppen: Männer und Frauen und weisen diesen Kategorien bestimmte Merkmale zu. [...] Stereotype sind stark schematisierte Vorstellungen über Verhaltensmerkmale von anderen Menschen"[10]. In den Werbeanzeigen bekommen somit alltägliche Produkte und Tätigkeiten eine eindeutige geschlechtsspezifische Kennzeichnung. Dies beginnt schon bei der Kinderwerbung, denn Jungen werben eher für Bauklötze und Spielzeugautos, Mädchen hingegen treten meist in Werbeanzeigen für Kuscheltiere und Puppen auf. Wasch- und Putzmittelhersteller werben mit Frauen, die sich um den Haushalt kümmern. Männer findet man in Werbespots für Werkzeuge und Technikartikel. Dadurch gibt Werbung also vor, was männlich bzw. weiblich ist.

# 4. Analyse ausgewählter Frauenbilder in der Werbung

Der folgende Teil stellt verschiedene Frauendarstellungen anhand von einigen Werbeanzeigen vor und beschäftigt sich mit den jeweils dargestellten Frauenrollen.

## 4.1 Die Bedeutung sich verändernder Frauenbilder seit den 1950er Jahren

Obwohl die Berufstätigkeit der Frauen seit Ende des Zweiten Weltkrieges unaufhaltsam vorangeschritten war, wurde in den Nachkriegsjahren das Leitbild einer Frau propagiert, die als verständnisvolle Lebenspartnerin und sorgende Mutter und Hausfrau ihrem hart arbeitenden Mann mit Rat und Tat zur Seite steht.[11] Die Werbung war geprägt von der Sehnsucht nach einer heilen Welt und damit bestens angepasst an das im Nachkriegsdeutschland vorherrschenden Strebens nach Wohlstand und Sicherheit.[12] In den Werbeanzeigen dominierten tüchtige Hausfrauen, deren ganzes Sinnen und Trachten auf die Sorge um den Haushalt und die Familie gerichtet war. Die Waschmittelmarke *Wipp* warb beispielsweise mit einer Frau, die sich stolz an ihren Mann schmiegt, während er anerkennend ein gepflegtes Hemd begutachtet (s. Abb. 1). Er trägt dabei einen seriösen Anzug, während sie die klassische Hausfrauenschürze umgebunden hat. Dies stellt die typische Vorstellung der Rollenverteilung zu dieser Zeit dar, welche in den Reklamen aufgegriffen und verstärkt wurde.

Anfang der Sechziger kündigte sich bereits die „Sexuelle Revolution" an, die Hausfrau erschien in der Werbung nun mit Sex-Appeal und nackter Haut.[13] Abb. 2 zeigt eine junge,

---

[10] Méhes, Beáta (2004): Frauenbilder in der Werbung. http://www.inst.at/trans/15Nr/05_13/mehes15.htm (Stand: 20.09.2014).
[11] Vgl. Huster, Gabriele: Wilde Frische, Zarte Versuchung. Männer- und Frauenbild auf Werbeplakaten der fünfziger bis neunziger Jahre, Marburg 2001, S. 23.
[12] Vgl ebd.
[13] Vgl. ebd., S. 28.

glückliche Frau, die ihren entkleideten Oberkörper mit einem zusammengelegten Hemd verdeckt und dabei für die Bekleidungsmarke *Everfresh* wirbt. Dabei wurde zwar weiterhin für das traditionelle Hausfrauen-Dasein geworben, andererseits zeigte die Frau erstmals stolz ihren Körper und ihre nackte Haut. Unter dem Einfluss der „Sexuellen Revolution" und der der Frauenbewegung veränderte sich das Frauenbild in der Werbung weiter und es kam zu einem Emanzipierungsschub, wodurch nach und nach die Gleichberechtigung in Politik und Beruf, sowie die Ent-Tabuisierung der weiblichen Sexualität folgte.[14] Demzufolge traf man in Werbeanzeigen nun oft auf Frauen, die nicht mehr in häuslicher Umgebung gezeigt wurden und ein „neue[s],freie[s] Körpergefühl"[15] demonstrierten. Das Image der Hausfrau war negativ geworden, weshalb alltägliche Dinge jetzt als sinnliches Erlebnis verkauft werden mussten. Der Seifenhersteller *Atlantic* warb zum Beispiel 1976 mit einer nackten Frau, die sich in Wellen räkelt und dabei in sich gekehrt wirkt (s. Abb. 3). Dazu die Worte „Natürlich stimulierend wie eine Meerwasser-Massage", die bereits erstmals an „Sex sells" denken lassen. Ihr entkleideter Körper ist unzensiert, denn die weibliche Sexualität war nun kein Tabu-Thema mehr und konnte öffentlich dargestellt werden.

Die Frauen in den Werbeanzeigen wurden immer selbstbewusster und stellten erstmals die Überlegenheit des Mannes in Frage. Abbildung 4 zeigt eine Anzeige der Schuhmarke *Wessels*. In der Mitte steht eine Frau mit kühlem verführerischem Blick, vor ihr schweben zwei Schuhmodelle. Links und Rechts von ihr steht jeweils ein gehorsam blickender Mann, während ihr die Worte „Ich nehme beide, Weil sie mir passen." in den Mund gelegt werden. Diese Doppeldeutigkeit spielt auf die neu gewonnenen erotischen Freiheiten der Frau an. Denn „[a]ngeblich haben sie inzwischen gelernt, selber zu wählen, gegebenenfalls auch „[b]eide zu nehmen", statt sich wie bisher auswählen zu lassen."[16]

Die Emanzipation dauerte weiterhin an und in den Achtzigern kam es zudem zu einem Gesundheits- und Fitnesskult, es wurde vermehrt für Sportartikel, „Light"- und Diätprodukte geworben und immer mehr Frauen strebten einen ästhetischen, schlanken Körper an[17], denn „das aktive Befaßtsein mit dem eigenen Körper, seiner Gesundheit, Fitness, Attraktivität und Leistungsfähigkeit ist zu einem konstanten Leitwert geworden [...]. Der „perfekte" Körper ist ein wesentliches Merkmal im Konkurrenzkampf."[18] Die Frauenbewegung hatte ihren Höhepunkt erreicht, weshalb die alten Rollenbilder erschüttert waren und die Frauen nun berufliche Gleichstellung und die gerechte Verteilung der Hausarbeit

---

[14] Vgl. ebd., S. 43.
[15] Ebd., S. 54.
[16] Ebd., S. 55.
[17] Vgl. ebd., S. 80.
[18] Ebd.

anstrebten.[19] Dies wurde auch von der Werbung aufgegriffen, die Frauenzeitschrift *Freundin* warb beispielsweise mit Slogans wie „Die Frauen von heute machen lieber Karriere als Betten." (vgl. Abb. 5), zu sehen ist dabei eine energisch den Koffer schwingende „Karrierefrau" in Bürokleidung. Damit wird die Abkehr von dem Leben als Hausfrau übertrieben deutlich dargestellt, die Frauen hatten zwar größtenteils ein neues Selbstgefühl erlangt, aber dennoch zogen immer noch viele das Hausfrauen- und Mutterdasein vor.[20]

Die postemanzipierte Frau in den Neunzigern war in der Werbung geprägt von Individualität und Sinnlichkeit, sie erschien als kluge und selbstbewusste Person und durch den Verzicht auf vordergründige Schlüsselreize, wie zum Beispiel nackte Haut, wurden die emanzipierten Frauen angesprochen.[21] Außerdem erkennt man im Verlauf der 90er die Tendenz von der „Abkehr von Coolness und Ironie und die Hinwendung zu „Basiswerten" wie Familie, Freundschaft, Authentizität."[22] Abbildung 6 zeigt diesbezüglich eine Werbung der Zigarettenmarke *Peter Stuyvesant*. Abgebildet ist ein Paar, die Köpfe eng beieinander. Unter dem Slogan „COME TOGETHER" (dt. „kommt zusammen") wirken die beiden vertraut, während sie lächelt und er seine Hände und in die seiner Partnerin vor seine Augen hält und lacht. Diese Werbung zeigt keine nackte Haut, keine verführerischen Blicke, sondern wirbt schlicht nur mit zwei glücklichen, sich liebenden Personen.

## 4.2 Darstellung „typisch weiblicher" Eigenschaften

Es sind weit verbreitete Klischees, dass Frauen nicht einparken können, kein Händchen für Technik haben und am liebsten den ganzen Tag beim Einkaufen und Kaffeeklatsch mit ihrer besten Freundin verbringen. Dieser Klischees bedienen sich gerne auch Werbegestalter. Ein gutes Beispiel hierfür ist eine *Panasonic* Werbung (s. Abb. 7), die mit den Worten „Sicher nichts für Frauenhände. Ausser beim Einpacken ins Geschenkpapier" für ihr neustes Kameramodell wirbt. Damit wird deutlich gemacht, dass diese Kamera nur von Männern benutzt werden sollte, da nur diese sich gut genug mit Technik auskennen, sprich gut genug sind, um mit dem Modell umzugehen. Frauen hingegen werden als unbeholfen im Umgang mit Technik, wenn nicht sogar als technikfeindlich dargestellt.

Für Aufregung sorgte vor einigen Jahren auch eine Kampagne der Uhrenmarke *IWC*. Auf einer Werbeanzeige ist ein Uhrenmodell für Männer abgebildet, die Überschrift lautet: „Fast so kompliziert wie eine Frau. Aber pünktlich"[23]. Eine ähnliche Anzeige wirbt mit

---

[19] Vgl. ebd., S. 91.
[20] Vgl. ebd. S. 96.
[21] Vgl. ebd., S. 118.
[22] Ebd., S. 137.
[23] Mattes, Frank: IWC-Werbung http://www.fliegeruhr.ch/iwc_werbung.htm (Stand: 20.09.2014)

dem Titel „Fast so schön wie eine Frau, tickt aber richtig.[24]" Hierbei wurden also angeblich typisch weibliche Eigenschaften wie Unpünktlichkeit bzw. die Annahme, Frauen würden „nicht richtig ticken" als Werbung für eine Männeruhr verwendet. Zudem wird gezeigt, dass die Uhrenmodelle sozusagen besser sind als Frauen, da sie ihre vermeintlichen Schwächen nicht besitzen.

Auch Abbildung 8 zeigt ein *Ouzo*-Werbeplakat, welches eine scheinbar typisch weibliche Eigenschaft darstellt: die Tratschsucht, bzw. der angebliche ununterbrochene Redefluss der Frauen. Zu sehen ist ein älterer Grieche, vor ihm auf dem Tisch eine Tasse. Zufrieden schaut er in eine andere Richtung und sagt: „glücklich leben die Zikaden, denn sie haben stumme Frauen." Aus dem Umkehrschluss würde sich also ergeben, dass Männer gar nicht glücklich Leben können, wenn sie eine Partnerin haben, da diese immerzu redet.

Fakt ist, dass bei genauerer Analyse von Anzeigen dieser Art festzustellen ist, dass vermeintlich positive weibliche Eigenschaften, wie zum Beispiel Mitgefühl und Zärtlichkeit in der Werbung oft außer Acht gelassen werden, während angebliche Schwächen und Laster, wie Unpünktlichkeit und Tratschsucht meist völlig überspitzt dargestellt werden. Diese voreingenommene Darstellung von Frauen führt dazu, dass die bestehenden Stereotypes und Vorurteile gestärkt werden oder neue Klischees entstehen.

## 4.3 Die Frau als Objekt

Betrachtet man Werbeanzeigen- und Spots genauer, so stellt man oft fest, dass Frauen dort als Objekt fungieren, sie werden als Dekoration verwendet, auf ihren Körper reduziert, oder gar mit dem Produkt gleichgesetzt.

In einer Werbung der Biermarke *Astra* zum Beispiel (s. Abb. 9) dient eine fast nackte, junge und hübsche Frau unter dem Motto „Sex sells" als Blickfang. Ihre Oberweite ist verdeckt durch die Worte „Irgendwo muss der Text ja stehen", während sie neckisch in die Kamera blickt. Im unteren Teil der Anzeige ist eine Flasche zu sehen, daneben der Slogan „Astra. Was sonst?". Die Frau auf dem Bild hat nichts mit dem Produkt zu tun, sie dient nur der Erregung von Aufmerksamkeit und wird dabei auf ihren Körper als Objekt reduziert.

Auch das Telekommunikationsunternehmen *Alice* wirbt in Abbildung 10 mit dem Text „Jetzt kommt Alice in Ihr Leben" und einer hübschen Frau daneben. Diese wird mit dem Dienst der Firma gleichgesetzt, denn es entsteht der Eindruck, dass bei einem Abschluss eines Vertrages bei Alice, die Frau namens Alice gleich mit in das Leben kommt. Bei einer ähnlichen Anzeige des Unternehmens sieht man dieselbe „Alice", diesmal jedoch nackt,

---

[24] Ebd.

9

verdeckt von einer roten Kugel mit der Aufschrift Alice. Daneben die Worte: „Alice. Sonst nichts."[25] In kleinerer Schrift darunter wird ein Internet- und Telefonvertrag angeboten. Auch hier wird das Model mit dem Produkt, ein DSL-Vertrag, mit dem es eigentlich nichts zu tun hat, gleichgesetzt und dient als reiner Blickfang. Dabei wird die Dame als Objekte ohne Persönlichkeit definiert und auf ihren Körper reduziert. Bei beiden Anzeigen wird durch das Gleichsetzen mit den angebotenen Verträgen der Eindruck erweckt, das Model sei ebenso käuflich wie die Produkte selbst.

Die *Pulmoll*-Werbung, in der gefragt wird, welcher Lutschtyp man sei (vgl. Abb.11), ist ein weiteres Beispiel für die Verwendung von Frauen als Werbeobjekt. Zu sehen sind weibliche Lippen in Nahaufnahme, dazwischen klemmt ein Pullmoll-Bonbon. Die Frage „Welcher Lutschtyp bist du?" wirkt provokant, da sie zusammen mit den neckischen Lippen als Anspielung auf Oralverkehr gesehen werden kann. Auch hier wird die gezeigte Frau als Objekt verwendet und auf ihren Körper reduziert, genauer gesagt auf ihren Mund.

Die Zahl der Produkte, die mithilfe von „Sex sells" oder der Frau als Werbeobjekt beworben werden ist hoch, denn dies wird gerne genutzt, um auf das Beworbene aufmerksam zu machen.[26] Die Frauen werden also als käufliches Produkt dargestellt, auf ihr Aussehen und ihren Körper reduziert, „welcher entweder nackt oder leicht bedeckt vor der Kamera posiert und dabei in aufreizender Körpersprache kundtut, dass Frauen käuflich sind, dass Frauen sexy sind"[27].

# 5. Bewertung ausgewählter Frauenbilder in der Werbung aus der Sicht des christlichen Menschenbildes

Im Folgenden werden die oben aufgeführten Frauendarstellungen aus der Sicht des christlichen Menschenbildes bewertet.

## 5.1 Der Mensch als Geschöpf Gottes

„Gott, der Herr, nahm [...] den Menschen und setzte ihn in den Garten von Eden, damit er ihn bebaue und hüte!" heißt es in Genesis 2,15. Der Mensch als hat demzufolge eine Verantwortung für die Schöpfung, für andere, sowie für sich selbst. Aus biblischer Sicht schuf Gott den Menschen als sein Ebenbild[28] und liebt jedes seiner Geschöpfe. Dies gilt für alle

[25] Moorstedt, Michael (2006): DSL-Werbung. Maxi und Alice, die pen .http://jetzt.sueddeutsche.de/texte/anzeigen/308970/DSL-Werbung-Maxi-und-Alice-die-Breitbandschlampen (Stand: 20.09.2014)
[26] Vgl. TERRE DES FEMMES (Hrsg.,2013): Frauenfeindliche Werbung ist strukturelle Gewalt. http://www.frauenrechte.de/online/index.php/themen-und-aktionen/frauenfeindliche-werbung (Stand: 20.09.2014)
[27] Ebd.
[28] Vgl. 1. Mose 1,27

Menschen, demnach hat jeder Mensch eine unveräußerliche Würde, was jedoch in den Anzeigen, welche mit Hilfe von „Sex sells" werben nicht zur Deutung kommt. Auch indem die Frau als Objekt dargestellt oder mit dem beworbenen Artikel gleichgesetzt wird, wird ihre Würde verletzt, wenn nicht sogar zu Nichte gemacht. Durch viele werbliche Frauendarstellungen wird ein Bild vermittelt, welches Frauen entwürdigt.

## 5.2 Männer- und Frauenbild in der Bibel

In Matthäus 22,39 wird dazu aufgerufen, seinen Nächsten genauso zu lieben wie sich selbst. Der Mensch ist als Beziehungswesen definiert, nur so ist ein friedliches Zusammenleben überhaupt möglich.

Die ersten Menschen der Schöpfungsgeschichte waren Adam und Eva, die Bibel beschreibt, wie die Frau als „Gehilfin"[29] des Mannes aus dessen Rippe geschaffen wurde.[30] Man könnte also meinen, dadurch die Unterordnung der Frau und deren Abhängigkeit vom Mann zu begründen, doch Tatsache ist, dass der Mensch erst als Mann und Frau komplett ist. Eva wurde also nicht aus Adams Rippe geschaffen, um ihm untergeordnet zu sein, sondern um gemeinsam mit ihm an seiner Seite zu stehen. Gott schuf die Menschen als Mann und Frau, mit dem Auftrag fruchtbar zu sein und sich zu vermehren.[31]

Zwar spricht Gott nach dem Sündenfall an die Frau: „[…] dein Verlangen soll nach deinem Manne sein, und er soll dein Herr sein."[32] Dies ist jedoch weder eine Aufforderung an den Mann, die Frau zu unterdrücken, noch ein Gedanke der Schöpfungsordnung, sondern lediglich die Folge der Sünde.

Männer und Frauen werden nach christlicher Auffassung also als gleichberechtigt betrachtet und ergänzen sich gegenseitig. Die Werbeindustrie legt auf diese Gleichstellung aber nach wie vor oft keinen Wert. Abbildung 1 stellt eine Frau dar, die dem Mann klar untergeben ist, da sie sich „nur" um den Haushalt kümmert und dabei versucht, für ihren Partner alles so gut wie möglich zu reinigen. Aber auch Werbeanzeigen, die vermeintlich weibliche Schwächen abbilden, bringen die angebliche Abhängigkeit der Frau zum Mann zur Geltung. Denn indem sie zum Beispiel als technikfeindlich dargestellt werden (Vgl. Abb. 7), wirken sie auf den Mann angewiesen und ihm unterlegen, da laut der Werbung nur dieser mit der entsprechenden Technik umgehen kann.

---

[29] Vgl. ebd. 2,18.
[30] Vgl. ebd. 2,22.
[31] Vgl. ebd.
[32] Ebd., 3.16.

Während Frau und Mann am Anfang der Schöpfungsgeschichte nackt waren und sich nicht voreinander schämten[33], erkennen sie in Folge des Sündenfalls ihre Nacktheit und bedecken erstmals ihren Körper.[34] Bei der Austreibung aus dem Paradies ist es Gott selbst, welcher Adam und Eva bekleidet.[35] Scham über das Nacktsein ist demnach eine Folge von Sünde. Folglich wird Nacktheit meist als negativ angesehen und mit Scham verbunden. In der Werbung ist die Entblößung des Körpers aber keine Seltenheit (s. 4.3). Die in den Anzeigen abgebildeten Frauen zeigen ihre nackte Haut und scheinen sich nicht zu schämen, was jedoch nicht heißt, dass sie frei von Sünde sind. In der heutigen Gesellschaft wird es nur vermehrt als „normal" angesehen, mit Stolz seinen Körper zu präsentieren.

## 5.3 Berufung zur Freiheit

Jeder Mensch ist zur Freiheit berufen[36], dabei soll sie aber nicht missbraucht werden, sondern der Nächstenliebe dienen.[37] Die vollständige Freiheit kann jedoch nur durch den Glauben an Gott verwirklicht werden. „Denn der HERR ist der Geist; wo aber der Geist des HERRN ist, da ist Freiheit."[38] Folglich handelt jeder Christ frei, dabei aber gebunden an die zehn Gebote.

Bereits in den frühen Werbeanzeigen wird auf die Freiheit der Menschen angespielt (vgl. z.B. Abb. 3,4). Die nackte Frau, die sich glücklich in sanften Wellen räkelt wirkt frei. Ebenso die Frau, die autonom wählen kann zwischen den abgebildeten Schuhmodellen, bzw. zwischen den beiden Männern. Dabei liegt die Entscheidungsfreiheit alleinig bei ihr, die zwei Männer haben aber kein Recht auf freies Handeln, denn sie wirken, als würden sie die Wahl der Frau gehorsam über sich ergehen lassen. Auch die emanzipierte Frau in Abbildung 5 wird frei dargestellt, denn sie entscheidet selbst über ihre berufliche Tätigkeit.

## 5.4 Der Mensch als Sünder

Durch die Willensfreiheit hat jeder die Möglichkeit des sündhaften Missbrauchs. Sünde bezeichnet Ungerechtigkeit und die Missachtung des Gesetz Gottes, der 10 Gebote. Es gibt keinen, der frei von Sünde ist, denn der Mensch neigt zu Fehlverhalten gegenüber sich selbst, anderen Menschen, seiner Umwelt und Gott. Durch die Gnade Gottes ist es aber jedem eine Sündenvergebung möglich, vorausgesetzt man bereut sein Fehlverhalten und

---

[33] Ebd., 2,25.
[34] Ebd., 3,7.
[35] Ebd., 3,21.
[36] Vgl. Galater 5,13.
[37] Ebd.,13f.
[38] 2. Korinther 3,17.

hat den Vorsatz, schwere Sünden in Zukunft zu vermeiden. Auch Jesu ist für die Erlösung aller Menschen gestorben.[39]

Es gibt verschiedenste Werbeanzeigen, welche Sünden darstellen. Abbildung 4 könnte beispielsweise als Verstoß gegen das sechste Gebot „Du sollst nicht ehebrechen"[40] verstanden werden, denn die dargestellte Frau hat der Anzeige zufolge zwei Partner gleichzeitig, was als Ehebruch bzw. als Betrügen eines Partners gesehen werden kann. Sexistische Werbeanzeigen, die vermeintliche Schwächen von Frauen darstellen (Vgl. 4.2), können als Missachtung des achten Gebots „Du sollst nicht falsch Zeugnis reden wider deinen Nächsten"[41] verstanden werden, da sie Stereotypes verstärken und allen Frauen die gleichen Eigenschaften zuschreiben, womit vielen Unrecht getan wird.

# 6. Fazit

Die Frau ist seit langer Zeit ein beliebtes Werbemittel, sei es für Haushaltsartikel, Kosmetikprodukte, Technik oder Lebensmittel. Es gibt nichts, was sich nicht mithilfe von ein wenig Weiblichkeit bewerben lässt. Dies ist jedenfalls die Meinung der Werbeproduzenten, die auf „Sex sells" setzen oder Frauen als Objekte bzw. Produkte darstellen. Sexistische und diskriminierende Werbungen sind keine Seltenheit, werden jedoch von den Meisten als „normal" angesehen und ihnen wird teilweise sehr wenig Aufmerksamkeit geschenkt. Dennoch sollte nicht außer Acht gelassen werden, dass diese enorm zur Verstärkung gewisser Stereotypes beitragen, was viele Folgen mit sich zieht. Beispielsweise können sich viele Personen dadurch unter Druck gesetzt fühlen, da sie versuchen sich an die vermittelten Wertevorstellungen, wie einen ästhetischen Körper oder einer speziellen Eigenschaft, anzupassen und dabei meist scheitern, weil diese gezeigten Vorstellungen meist unrealistisch und übertrieben wiedergegeben werden.

Aus christlicher Sicht stellen viele der Werbeanzeigen Situationen dar, die sich nicht mit den biblischen Werten und Verhaltensmustern vereinbaren lassen. Man sollte also versuchen, sich nicht allzu sehr von Werbung beeinflussen zu lassen, sondern seinen Werten und Vorstellungen treu bleiben.

---

[39] Vgl. Johannes 3,16f.
[40] 2. Mose 20,14.
[41] Ebd. 20,16.

# 7. Anhang

Abb.1:

Huster, Gabriele: Wilde Frische, Zarte Versuchung. Männer- und Frauenbild auf Werbeplakaten der fünfziger bis neunziger Jahre, Marburg 2001, S. 27.

Abb. 2:

Huster, Gabriele: Wilde Frische, Zarte Versuchung. Männer- und Frauenbild auf Werbeplakaten der fünfziger bis neunziger Jahre, Marburg 2001, S. 28.

Abb. 3:

Huster, Gabriele: Wilde Frische, Zarte Versuchung. Männer- und Frauenbild auf Werbeplakaten der fünfziger bis neunziger Jahre, Marburg 2001, S. 54.

Abb.4:

Huster, Gabriele: Wilde Frische, Zarte Versuchung. Männer- und Frauenbild auf Werbeplakaten der fünfziger bis neunziger Jahre, Marburg 2001, S. 55.

Abb.5:

Huster, Gabriele: Wilde Frische, Zarte Versuchung. Männer- und Frauenbild auf Werbeplakaten der fünfziger bis neunziger Jahre, Marburg 2001, S. 90.

Abb.6:

Huster, Gabriele: Wilde Frische, Zarte Versuchung. Männer- und Frauenbild auf Werbeplakaten der fünfziger bis neunziger Jahre, Marburg 2001, S. 132.

Abb. 7:

TERRE DES FEMMES (Hrsg.,2013): CHECKLISTE. Kennzeichen frauenfeindlicher Werbung. http://www.frauenrechte.de/online/index.php/themen-und-aktionen/frauenfeindliche-werbung/checkliste (Stand: 05.09.2014).

Abb. 8:

Buschmann, Gerd: Das Menschenbild (in) der Werbung. Beobachtungen eines Theologen zu einem Kapitel Medienanthropologie 2002, in: Merz I medien + erziehung. Zeitschrift für Medienpädagogik, Heft 53, 2005, S. 59.

Abb. 9:

TERRE DES FEMMES (Hrsg.,2013): Vorschläge für den Negativ-Preis "Der zornige Kaktus" http://www.frauenrechte.de/online/index.php/themen-und-aktionen /frauenfeindliche-werbung/negativ-preis-der-zornige-kaktus/vorschlaege-negativ-preis (Stand: 05.09.2014).

Abb. 10:

Cole, Tim (2010): Alice darf nicht sterben. Und nun geht sie doch dahin. http://www.cole.de/alice-darf-nicht-sterben (Stand: 12.09.2014)

Abb. 11:

TERRE DES FEMMES (Hrsg.,2013): Vorschläge für den Negativ-Preis "Der zornige Kaktus" http://www.frauenrechte.de/online/index.php/themen-und-aktionen/frauenfeindliche-werbung/negativ-preis-der-zornige-kaktus/vorschlaege-negativ-preis (Stand: 05.09.2014).

# 8. Literaturverzeichnis

**Monografie:**

Die Bibel, revidierte Fassung, nach Martin Luther, 1912.

Felser, Georg: Werbe- und Konsumentenpsychologie, 2.Auflage, Berlin 2001.

Huster, Gabriele: Wilde Frische, Zarte Versuchung. Männer- und Frauenbild auf Werbeplakaten der fünfziger bis neunziger Jahre, Marburg 2001.

**Sammelband:**

Holtz-Bacha, Christina: Köcheln auf kleiner Flamme. Frauen und Männer in der Werbung – ein thematischer Dauerbrenner, in: Holtz-Bacha, Christina (Hrsg.): Stereotype?. Die Darstellung von Frauen und Männern in der Werbung, Wiesbaden 2008, S. 5-13.

**Zeitungsartikel:**

Buschmann, Gerd: Das Menschenbild (in) der Werbung. Beobachtungen eines Theologen zu einem Kapitel Medienanthropologie 2002, in: Merz | medien + erziehung. Zeitschrift für Medienpädagogik, Heft 53, 2005, S. 59.

**Internetquellen:**

Cole, Tim (2010): Alice darf nicht sterben. Und nun geht sie doch dahin. http://www.cole.de/alice-darf-nicht-sterben (Stand: 12.09.2014)

Mattes, Frank: IWC-Werbung. http://www.fliegeruhr.ch/iwc_werbung.htm

Méhes, Beáta (2004): Frauenbilder in der Werbung. http://www.inst.at/trans/15Nr/05_13/mehes15.htm (Stand 20.09.2014).

Moorstedt, Michael (2006): DSL-Werbung. Maxi und Alice, die Breitbandschlampen. http://jetzt.sueddeutsche.de/texte/anzeigen/308970/DSL-Werbung-Maxi-und-Alice-die-Breitbandschlampen (Stand: 05.09.2014).

TERRE DES FEMMES (Hrsg.,2013): CHECKLISTE. Kennzeichen frauenfeindlicher Werbung. http://www.frauenrechte.de/online/index.php/themen-und-aktionen/frauenfeindliche-werbung/checkliste (Stand: 20.09.2014).

TERRE DES FEMMES (Hrsg.,2013): Frauenfeindliche Werbung ist strukturelle Gewalt. http://www.frauenrechte.de/online/index.php/themen-und-aktionen/frauenfeindliche-werbung (Stand: 20.09.2014).

TERRE DES FEMMES (Hrsg.,2013): Vorschläge für den Negativ-Preis "Der zornige Kaktus". http://www.frauenrechte.de/online/index.php/themen-und-aktionen/frauenfeindliche-werbung/negativ-preis-der-zornige-kaktus/vorschlaege-negativ-preis (Stand: 05.09.2014).